AF562578

LOUIS-JOSEPH DELBROUCK

Un homme de rare vertu, *Louis-Joseph Delbrouck*, architecte, est mort à Versailles à l'âge de cinquante et un ans. Un ardent amour du devoir et de la Patrie l'a mis au premier rang dans tous les dangers traversés par les Parisiens depuis un an. Il y a donné toutes ses forces. L'épuisement l'a tué.

Il laisse sans fortune deux jeunes filles, dont l'une est en bas âge.

Des amis et des confrères ont songé à créer quelques ressources aux jeunes enfants du défunt. Ils publient ici les paroles qui ont été prononcées sur la tombe de Delbrouck (1). Puisse l'homme de cœur qu'ils pleurent être assez apprécié des artistes, et les sympathies s'unir autour de sa mémoire assez vives et nombreuses pour que leur but soit atteint !

(1) Par M. Émile Trélat, son ami.

LOUIS-JOSEPH DELBROUCK

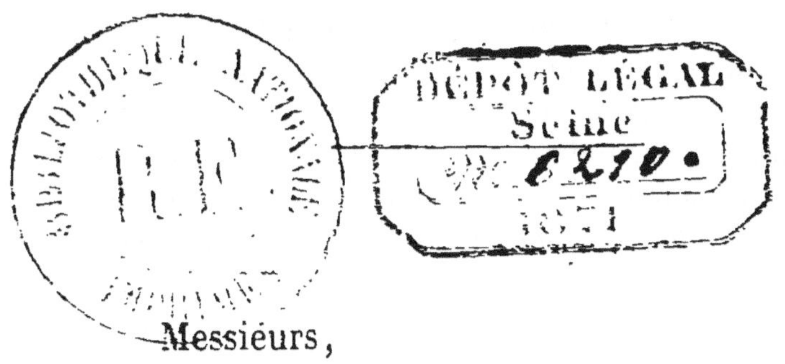

Messieurs,

Celui qui nous quitte n'eut jamais le goût des pompeuses mises en scène. Sa mémoire s'offenserait ici de paroles apprêtées. Elle portera doucement, j'en suis sûr, ce qui coulera du cœur sur une tombe entr'ouverte. Tout ce qui est vrai, simple et naturel, Delbrouck l'aimait ; on peut dire que cela seulement il le comprenait. Parlons donc selon ses penchants et ses goûts, de cette âme ouverte et tendre, de ce cœur héroïque et ferme.

Quelle ne fut pas la modestie de l'honnête homme, du vigoureux citoyen que nous pleurons ! Ses plus intimes amis ne savent qu'en partie et par bribes dérobées la succession des dévouements qui occupaient ses jours. Sa vie en est pleine et déborde. Chaque fois qu'on y puisait un fait, on recevait comme un coup de morale transcendante qui vous courbait sous l'exemple d'un magistral oubli de soi-même. De tous ses actes le bien surgit, et vainement on cherche l'auteur qui s'est dissimulé dans un bienfait suivant. Il passe à travers ses généreuses donations comme une cause impersonnelle. On peut dire de Delbrouck qu'il ne connut littéralement pas le mot : Je. Il sut vivre sans en avoir jamais besoin. Et cependant, je me trompe! Un trait particulier de sa forte nature le portait à s'offrir en garant chaque fois qu'il rencontrait un défaillant sur sa route. Alors il se montrait, se nommait d'autant plus haut que le danger était plus grand. Il ne comptait avec rien. Les considérations qui font chez nous tous la prudence, les raisons qu'on appelle la sagesse, les précautions qui nous donnent la mesure de l'obstacle et nous arrêtent, n'étaient pour lui que des excitants. Il ne se posait qu'une question : Est-ce bien? Si oui, il agissait. Disons mieux; il ne s'interrogeait pas. Il devinait, et faisait, faisait toujours, gagnant ainsi le temps des hésitations ou des retours sur soi-même. Ce fut là vraisemblablement le secret des innombrables et bienfaisantes interventions extérieures qu'il sut joindre aux devoirs d'une vie chargée de labeurs impérieux. Quiconque l'avoisina quelque peu dans la vie s'appuya sur lui, ou fut servi par lui sans le savoir. Tôt ou tard, de quelque position qu'on fût, on devenait son débiteur. Quand on l'observait longtemps, on reconnaissait en lui une de ces natures supérieures, dont l'amour dominant s'appelle *devoir*, et dont la passion grandit à mesure que celui-ci s'élargit et s'élève par l'observation et les ans. Dans les longues abnégations de ces vies sans distractions, sans plaisirs, les jours, qui s'ajoutent en un même et simple exercice de l'âme, créent des forces dont l'ampleur échappe à notre appréciation vulgaire. Il y a des moments où leurs actes touchent par l'héroïsme au surnaturel. On ne les comprend plus. Ils sont seuls, et ils entreprennent naïvement de soulever des montagnes qu'ils soulèvent, on ne sait comment. Au village, on les nomme saints; dans nos villes, philanthropes. Partout les foules sceptiques rient sur leur passage; mais les bonnes gens admirent et s'inclinent.

Dans la vie simple et forte de Delbrouck, quelle place tiennent les faits, ceux qu'on note d'ordinaire? Et comment les signaler dans l'effacement volontaire où il vécut? On le retrouve au loin fils d'un mince officier de l'Empire retraité aux Invalides. Il s'élève lui-même économiquement, recueillant de droite et de gauche les éléments d'une instruction première. Plus tard, il hante l'atelier d'un maître réputé de l'Architecture. Son travail y est opiniâtre; et bientôt il part avec 900 francs d'économies pour faire son tour de France et d'Italie. Cela lui prend deux ans. Au retour, le voilà riche : il n'a pas de besoins et il est laborieux. Il travaille pour vivre. Mais il fait mieux selon lui; il vit pour aider les autres. La grosse part de son temps y passe. Il est partout où il se croit utile; et il y est quoi qu'il en coûte. Quand le pays est calme, il faut aller demander aux camarades ou aux voisins les traits de ses incessants dévouements. Quand les passions s'échauffent, quand les événements se compliquent, quand la politique descend sur la place publique, il s'élance en pacificateur au milieu des plus graves conflits. Entre les combattants qu'il implore, son crédit, sa liberté, ses jours, sont en péril, lui criez-vous. Qu'est-ce que cela? Faut-il donc compter avec ces choses qui n'intéressent qu'un seul, quand les dangers sont publics? Qui de nous ne se rappelle ce que cet homme de paix fit et devint le 15 mai 1848. Il entreprit à lui seul de refouler le flot envahisseur de l'Assemblée. On conçoit aisément ce qu'il advint. Il se trouva le premier envahisseur, et bientôt prisonnier. On le prend pour Barbès. Il le confirme; et, pour quelque temps, se donne la joie qu'il rêve sans cesse, de souffrir pour autrui.

Delbrouck ne fut jamais ni un conspirateur, ni un contempteur de la loi. Mais au temps des préparations usurpatrices, qui pourrait prouver dans quels rangs sont les véritables défenseurs du droit, même de la légalité? Sincère, dévoué, courageux, naïvement occupé des intérêts des sociétés ouvrières, que les conditions politiques autorisaient, mais que les épeurements du pays proscrivaient, il se voit poursuivi et condamné comme président de l'une d'elles. Il passa l'année 1849 en cellule à Mazas. Mais ce qui marque au suprême degré l'innocente chaleur des entraînements de sa nature, c'est la douceur que gardèrent toujours ses appréciations sur cet événement. Au lieu de l'âpre infatuation généralement éclose au cœur du citoyen violenté dans son indépendance, Delbrouck ne garda jamais qu'un bienveillant souvenir de sa captivité. Il croyait que ses juges s'étaient trompés, surtout que la loi n'était pas nette. Mais il était si utile de rester quelque temps solitaire; on travaillait si bien loin des fatigues et des troubles de la vie ordinaire; il avait tant appris dans sa cellule que son emprisonnement restait un bien dont il gardait reconnaissance à ceux qui le lui avaient imposé.

Delbrouck se maria; et pendant les vingt ans que dura l'Empire, il fut partout et toujours le même. Artiste de travail modeste et persévérant dans sa profession, homme de devoir ponctuel et de bienfaisance inassouvie dans ses rapports sociaux, citoyen scrupuleux et infatigable dans l'exercice légal de son droit, il devint architecte de la ville de Vernon, où il édifia un hôpital important, des écoles considérables et des abattoirs. La confiance et l'estime formaient autour de lui comme une atmosphère limpide, que traversait le double courant de ses œuvres et de ses services rendus. Il passait ainsi sans bruit dans la vie. Mais comme on l'aimait au chantier, qu'il dominait de sa saine équité! Comme on l'aimait au château, dont il ouvrait timidement la porte dans l'intérêt d'une bibliothèque ou de quelque conférence populaire ! Comme on l'aimait au couvent, rendu complice des bonnes œuvres qu'il n'avait pu qu'ébaucher tout seul !

Il travaillait sans cesse. Paris et Vernon, où il habitait, se partageaient son temps. On le rencontrait deux fois la semaine, studieusement blotti dans un wagon de troisième classe. Il utilisait ainsi jusqu'au temps du trajet à revoir les comptes de ses entrepreneurs ou à préparer les leçons qu'il faisait à la Société philomathique et à l'école spéciale d'Architecture, dont il était devenu professeur.

Jamais Delbrouck ne sut demander l'argent qui lui était dû. Bien des sommes se perdirent par là au détriment des siens. Et pourtant la famille, abondamment pourvue du grand contentement du devoir accompli, restait presque dénuée des ressources qu'on monnoie en bien-être. Un jour, le germe d'un pécule pénètre au foyer de la part d'une de ces honnêtes négligences, que le scrupule tôt ou tard fait sortir de l'oubli. La somme est assez ronde. Que va-t-on faire ? A la même époque, un financier de nom bruyant occupait la scène d'un procès qui passionna l'opinion dans un scandale et qui aboutit à une lourde cendamnation. C'est à la caisse de ce banquier que Delbrouck porte la récente épave qu'il vient de recueillir. Il faut ici bien reconnaître Delbrouk. « Un condamné est » un vaincu. Tout vaincu doit être relevé. Dans l'ordre » moral surtout, il faut l'aider beaucoup ; parce que le » moyen et la cause ensemble ont fait défaut. » Toute sa science économique et tout son égoïsme se fondaient dans cette unique pensée : ne pas laisser perdre un homme ; ne jamais croire à l'impossibilité d'un salut, et agir.

Quand on regardait Delbrouck marcher avec son mélancolique et régulier dégagement à travers les obstacles, on songeait involontairement à ces longues plaines monotones, qui découvrent leur immuable horizon de fertilité sous tous les éclairages. Ses résolutions et ses actes épurés par une âme sans tache laissaient sur son passage les chaudes marques de son cœur vibrant. Mais la semence en était uniformément répandue partout.

Un jour, pourtant, ce champ de paix prend des aspects nouveaux et les lumières qui l'éclairent trahissent la foudre. La France est en guerre ! Delbrouck bondit. Ces natures raisonnent peu ; la divination seule les guide. Il avait jusque-là vécu dans l'idée pleine et simple de l'humanité, et il s'y était donné tout entier. Soudain l'événement lui dévoile la grande figure de la Patrie; et derrière, immédiatement, il découvre l'immense cortége des désastres et des ruines. A l'apparition de cette nouvelle idée si concrète et si forte, il est troublé. Son cœur, l'unique ressort de son action journalière, n'a plus assez d'amplitude ! Le temps lui manquera pour faire prêter sa généreuse élasticité aux exigences immédiates du salut ! La loi de son efficacité est rompue ! Depuis la déclaration de guerre, Delbrouck apparut à ses amis sous un nouveau jour. Il n'eut ni moins d'héroïsme dans ses actes, ni moins de force dans l'exemple ; personne ne l'a dépassé pendant la lourde année qui vient de s'écouler. Plus que jamais, il fut riche d'inspirations généreuses. Plus que jamais, il malmena le pauvre corps qu'il donna tout entier à son pays. Mais on le vit quelquefois perdre la douce continuité d'âme, qui fit de sa vie un long effort également tendu par la certitude du devoir. Il eut quelques impatiences que trahirent des paroles auxieuses ou des actes sans proportion. Elles furent d'autant plus remarquées qu'elles se détachaient sur le fond de cette intrépide humilité qui resta toujours le trait saillant de son caractère. Cela ne diminue en rien la beauté du rôle de

Delbrouck, mais cela contredit un peu la pureté typique qu'il portait en lui.

Dès l'origine de la guerre, Delbrouck s'engagea dans le génie auxiliaire commandé par MM. Alphand et Viollet-le-Duc. Il travailla ainsi jusqu'en novembre aux ouvrages intérieurs que dirigeait le génie militaire. Quand on organisa trois armées, il fut nommé capitaine d'une compagnie de marche dans le génie de la garde nationale qui formait la première armée. Il fut employé aux tranchées de Champigny, aux travaux d'avancées du Drancy et du plateau d'Avron ; il fit partie de l'expédition de Montretout. Le *Journal officiel* publia le 16 janvier 1871 sa nomination de chevalier de la Légion d'honneur. Il crut devoir refuser cette distinction. Ce fut une de ces rares circonstances où Delbrouck, subissant la cruelle influence des événements, sortit de sa nature et joignit jusqu'à la roideur pour exprimer des sentiments qu'en tout autre temps il eût su faire valoir avec plus de mesure. L'immense flot de résistance qui, des profondeurs de l'égoïsme et de la corruption, avait surgi à la voix de la patrie, lui paraissait digne d'un sort meilleur que celui qui l'arrêtait aux écluses d'une prudence trop académique. Il mesurait, d'ailleurs, chaque jour au voisinage de l'ennemi, l'élasticité de ces impossibilités théoriques, qu'on opposait à l'utilisation de tant de ressources, et il en gardait une âpre souffrance au cœur. D'un autre côté, ses penchants et son éducation ne le portaient nullement à comprendre comment son intervention patriotique pouvait motiver une mesure qui le distinguât de tant d'autres citoyens également méritants. Enfin, à côté d'une armée régulière si démoralisée par les défaites et si peu confiante dans son petit nombre, il lui paraissait grand et efficace que l'élément civil gardât entière l'autorité d'un rôle désintéressé. Toutes ces idées un peu vaguement confondues dans l'esprit de Delbrouck aboutirent à une lettre qui n'était que l'expression trop hâtive, surtout trop hâtivement publiée, d'un sentiment généreux. On a, du reste, la preuve que ce jugement a dû être le sien, puisque, après avoir refusé ce qui ne peut l'être par ceux qui se nient le droit de le jamais demander, il agit utilement pour faire décorer son lieutenant.

Aux longs sillons d'espoirs creusés dans les cœurs qui s'étaient donnés tout entiers, l'armistice vint apporter ses angoisses et ses larmes. La grande phalange s'égrena ; on se replia sur soi-même : chacun reprit dans l'œuvre commune sa désolation propre et s'y dévoua. A travers les sombres lignes prussiennes, Paris se vida peu à peu de tous ceux que des affections exilées rappelaient au loin. D'autres devoirs naquirent à ceux qui restaient. Delbrouck ne pouvait y manquer. Comme plus ancien parmi les capitaines, le commandement et l'administration du personnel subsistant du génie auxiliaire lui incombaient. Il se donna à cette tâche. Découvrir le travail, assurer les soldes, consoler les malades, réconforter les désespérés, cela le prenait tout entier.

Quand les Prussiens obtinrent leur sinistre bivouac aux Champs-Élysées et que Paris frémissant menaçait d'éclater, Delbrouck se retrouva dans toute sa puissance. Ceux-là seuls qui l'ont vu peuvent redire ce qu'il répandit alors de pénétrante tendresse pour convaincre au calme et à la noble résignation, qui devaient honorer le grand deuil du 1er mars 1871.

Le malheur était trop lourd! Les esprits se troublaient à côté des cœurs qui saignaient. Aux deux bouts de la France, deux tempéraments politiques surgissaient au sein des calamités publiques, tempéraments divers par leurs sources, opposés par leurs premiers élans, contradictoires par leurs horizons. A Bordeaux se trouvaient incarnés le sentiment de l'épuisement dans l'action, l'idée de la nécessité de tout demander à des reconstitutions hâtives. L'impatience des forces inutilisées et la passion de tout refaire à neuf débordaient les Parisiens. Dans un pays occupé par l'étranger, coupé dans ses rapports, déséquilibré dans ses conditions matérielles et politiques, le conflit était inévitable. Les intempérances d'un parlement fiévreux et sans expérience, les soupçons qui naissent de l'inconnu, les haines des vieux partis et les lieux communs dont elles vivent, les difficultés et les étranges points de vue qu'elles engendrent dans un milieu où la foi de la légalité n'existe nulle part, ni en haut ni en bas, ne pouvaient faillir à marquer l'occasion dans l'événement. Paris n'ayant qu'un simulacre d'armée, avait vu sa garde nationale se fédérer sous l'œil des Prussiens, qui occupaient ses forts. Les anxiétés politiques, l'inquiétude plus ou moins motivée des conjurations monarchiques resserrèrent les liens de cette fédération. Malgré les courants intérieurs qu'on y pressent déjà, ce vaste ensemble n'apparaît encore aux esprits pourvus de calme que comme un franc et légitime élan patriotique. Pour moi, n'eussé-je à considérer que la présence de Delbrouck dans cette association, je ne saurais me refuser à honorer le sentiment qui unissait alors ouvertement un si grand nombre de citoyens.

C'est dans ces conditions que le 18 mars se produisit au milieu des tristes malentendus et des regrettables maladresses que tout le monde sait et déplore aujourd'hui. Paris s'est cru attaqué dans l'accomplissement d'un devoir civique. Il y eut un moment où son droit de défense parut évident à la majorité des Parisiens, qui se croyaient les gardiens d'une forme politique, à laquelle ils rattachaient le salut du pays. Ce moment fut court; car il trouva son terme à la nouvelle de l'assassinat des généraux et à la contre-menace, qui allait mettre en échec la légalité parlementaire.

Aucun champ ne pouvait être plus favorable à l'expansion des vertus de Delbrouck que l'épreuve dans laquelle entrait Paris. Aussitôt que le comité central eut engagé la lutte en sortant de la simple revendication d'un droit, qu'aucune convention légale ne déniait; aussitôt qu'à l'énonciation du principe des franchises communales il eût mêlé des actes de politique nationale et des mesures de violence, Delbrouck reprit son allure personnelle, usa de son libre arbitre, combattit ce qu'il condamnait ; et déjà les choses condamnables à ses yeux mouillés abondaient.

Jamais personne n'a vu reculer Delbrouck devant un danger. Plus celui-ci grandissait, plus il avançait. Sa position s'était faussée. Homme de résistance à l'intempestif essai de désarmement du 18 mars, il se trouvait soudain compromis par le voisinage d'une dictature, dont il répudiait l'action. Il pouvait s'effacer. Mais avec la guerre civile qui lui apparut imminente, il découvrit son rôle. Il n'eut qu'une pensée qui ne l'abandonna plus : se jeter en travers, empêcher le combat. Avant les élections de la Commune, on le vit courir périlleusement d'un camp à l'autre pour prévoir les attaques. C'est à lui, à ses audacieuses prières qu'on doit particulièrement que les gardes nationaux réunis en petit nombre à l'École polytechnique ne fussent pas écrasés par les forces accumulées du Comité central. Quand la Commune fut constituée, il prit une situation singulière, que lui seul eût pu imaginer. Il refusa le grade de commandant du génie, parce qu'il déniait ses services à la Commune, et il le dit. En même temps, il resta capitaine, ne voulant pas abandonner ceux qu'il commandait au milieu du danger; mais il déclara au délégué de la guerre que jamais ses hommes ne porteraient d'armes dans aucun des services auxquels on les soumettrait.

Aussitôt après la hideuse arrestation des généraux Chanzy et de Langorian, il était parvenu à s'introduire dans leur prison, à les mettre en correspondance avec leurs familles et à leur porter quelques soulagements. C'est vers cette époque que ses démarches incessantes, ses supplications portées et renouvelées partout, aboutirent à l'élargissement des généraux.

Comme un trop petit nombre de citoyens qui ne voulurent pas s'abandonner dans ces sombres jours, il visait à désarmer la Commune. Mais cette pensée, il la conduisit témérairement de son côté et tout seul. Il entreprit alors d'agir simultanément à l'Hôtel de ville et à Versailles, et le voilà qui court de l'un à l'autre, fort maltraité, d'ailleurs, des deux parts. Il traversa plusieurs fois les lignes, marchant la nuit aussi bien que le jour. Une fois il fut arrêté aux postes versaillais, retenu avec des malfaiteurs et conduit sous la pluie pendant deux jours jusqu'au quartier de Lonjumeau. On ne sait pas ce que peut un homme qui se donne sans réserve et qui marche hardiment sous l'empire d'un patriotisme sans ombre. Delbrouck pénétrait jusqu'aux ministres de l'Assemblée, qui ne lui marchandaient ni les duretés ni les menaces. Il approchait les membres de la Commune qu'il supposait accessibles à ses espérances; mais que de dédains et de soupçons il rencontra! Un jour, pourtant, il fut détenteur d'un laisser-passer pour trois membres de la Commune, qui se seraient rendus à Versailles, et il n'a pas tenu à leur volonté de pouvoir user de cette latitude. Qui peut nier que nos malheurs eussent été atténués, si cette entrevue eût réussi?

Mais les circonstances changaient. Ce qui était possible d'abord ne le fut plus bientôt. L'armée de Versailles se faisait ; la guerre s'engageait. Le temps des paroles et des propositions pacifiques était passé. Il fallut bien le comprendre. Delbrouck se voua alors tout entier à deux choses : protéger ses hommes et défaire une à une les violences qui passaient par l'Hôtel de ville ou qui sortaient de la préfecture de police. A force de démarches et surtout de recherches pour les bien adresser, de supplications et de notes probantes, il dégageait chaque jour quelque opprimé de la veille. Il dut plus d'une fois à cette outrecuidante intervention la menace d'une arrestation. Mais sa persistance même le sauvegarda. Qui peut compter aujourd'hui les couvents qu'il a dégagés, les prisonniers qu'il a rendus visibles malgré le secret, les délivrances qu'il a obtenues? Tout son temps, de jour, il le donnait là. La nuit, il était avec sa compagnie aux points de travail dangereux qui lui étaient assignés. Il était ruiné par la fatigue ! Je le voyais souvent. Comme bien d'autres, c'est à lui que je m'adressais quand j'avais quelque malheur d'ami à conjurer. Que de fois ai-je essayé de lui faire comprendre la situation compromise que lui faisait sa présence aux avancées! « Comment voulez-vous que je l'évite? me répondait-il. » Est-ce que je pourrais journellement défaire autant de » ces affreuses choses, si je n'allais pas là. Et croyez-vous » que je ne diminue pas beaucoup l'efficacité de ces tueries avec nos travaux de nuit? — Mais que ferez-vous » au moment suprême d'un combat dans Paris. On vous » prendra comme un soldat de la Commune. — Mon ami, » devant Dieu, je fais mon devoir d'humanité. Cette » guerre est odieuse. Ni moi, ni les miens n'y portons » d'armes. Je crois que ce qu'il faut éviter, c'est une victoire quelconque. Malgré tout, je veux encore garder et » servir l'espoir que la lassitude et l'horreur des uns, le » bon sens et le calme retrouvé des autres dénoueront la » situation dans un arrangement forcé. Si l'abordage se

» fait, je jetterai mon corps et mes prières entre les com-
» battants. »

Le 21 mai dans la nuit, les premiers soldats versaillais entrés dans Paris surprirent Delbrouck sans armes sur les remparts de Passy au moment où il rejoignait sa compagnie occupée à des terrassements. Il ne lui fut pas donné de s'employer tout seul à séparer deux armées aux prises. Mais il ne sut rien des épouvantables scènes qui allaient se développer dans la capitale. Prisonnier, il fut conduit à Versailles, où il arriva exténué. Nous le retrouvâmes le 29 mai par les soins généreux d'une femme d'âme supérieure. Qu'il était faible ! Un mois après, le 30 juin, l'instruction n'avait dévoilé dans son cours que les innombrables traces du dévouement et de l'héroïsme qu'il avait accumulés aux arides journées de la Commune. On découvrait ses efforts libérateurs, le plus souvent heureux, mêlés aux noms de M. Bonjean, de M. Claude, des Sœurs de Boutibué, de Picpus, de Sainte-Marie, du père Caubert, du concierge de M. Thiers, etc. Un arrêt de non-lieu le rendit libre. Il sortit péniblement de prison pour venir s'éteindre quinze jours après chez un parent de Versailles. Dans une lettre qu'il écrivait de la prison, au milieu de l'horrible confusion des premiers jours, je trouve ces douces paroles, qui sont si bien de lui :

« Eh bien ! ma pauvre Bet-Bette (sa petite fille de deux
» ans qu'on envoyait en nourrice) est donc partie ! Ah !
» mon ami, ce départ m'est plus pénible que je puis dire
» car il est pour moi le signal des séparations. Pauvre
» Bet-Bette, pauvre Marie (sa fille aînée), pauvre moi,
» pauvre No-nore (l'amie de sa femme qu'il avait perdue
» depuis deux ans) ! Il faut que j'aie la conscience d'avoir
» fait mon devoir ou tous mes efforts pour l'accomplir,
» pour ne pas être terrassé par les malheurs que j'entre-

» vois. Heureusement je compte sur vous, sur tous ceux
» qui m'ont témoigné tant d'affection.

» Mais, ai-je le droit de me plaindre, en songeant aux
» malheurs de notre pays et de tant de braves et nobles
» victimes que je plains toutes?...

» Je me dis pour me consoler que j'ai fait tout ce je que
» pouvais pour empêcher cet épouvantable résultat. Aussi
» mes pauvres filles, mes amis et moi nous en serons
» punis. — C'est la justice de ce monde, — je m'y atten-
» dais. — A la grâce de Dieu! »

Voilà donc la fin de cette incomparable abnégation qui fut toute votre vie, mon ami! Que diront les hommes? Beaucoup, c'est le grand nombre, vous confondront bravement avec les vulgaires perturbateurs. Hélas! cela n'est que trop certain. D'autres ne sauront voir à la surface de vos actes que l'étrangeté des situations excessives que vous avez affrontées, et ils seront indifférents ou dédaigneux. L'empire des âmes supérieures reste un foyer caché que n'aperçoivent pas les foules. Autour s'agenouillent ensemble de rares croyants. Ceux-ci laisseront dire de vous, Delbrouck, que vous ne fûtes pas habile, et que vous avez mal mené votre barque. Mais ce premier devoir de l'homme, qui est de dépenser son cœur, qui l'a mieux rempli que vous? En cela, vous fûtes le modèle sans tache; et pour notre temps écrasé de si grands maux, et si mal pourvu de dévouements, vos amis ne cesseront pas de le répéter, votre exemple fut le plus sain et le plus noble qui se puisse citer, car vous vous êtes donné tout entier et jusqu'à la mort.

Paris. — Imprimerie de E. Martinet, rue Mignon, 2.

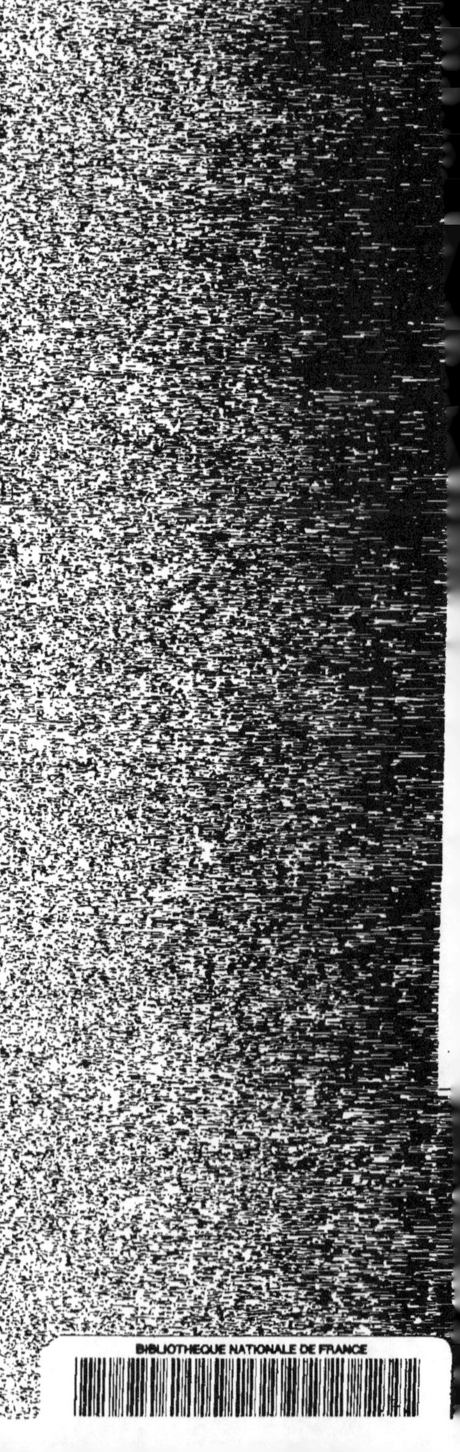

www.ingramcontent.com/pod-product-compliance
Lightning Source LLC
LaVergne TN
LVHW010251230826
846091LV00007B/2910

* 9 7 8 2 0 1 2 4 7 3 3 8 6 *